와인의 역사

만화로 배우는

만화로 배우는 와인의 역사

초판 1쇄 발행 2019년 11월 29일
초판 4쇄 발행 2021년 4월 2일

글 브누아 시마 / **그림** 다니엘 카사나브 / **옮긴이** 이정은

펴낸이 조기흠
편집이사 이홍 / **책임편집** 박종훈 / **기획편집** 이수동, 최진
마케팅 정재훈, 박태규, 김선영, 홍태형, 배태욱 / **디자인** 책과이음 / **제작** 박성우, 김정우

펴낸곳 한빛비즈(주) / **주소** 서울시 서대문구 연희로2길 62 4층
전화 02-325-5506 / **팩스** 02-326-1566
등록 2008년 1월 14일 제25100-2017-000062호

ISBN 979-11-5784-373-2 03900

이 책에 대한 의견이나 오탈자 및 잘못된 내용에 대한 수정 정보는 한빛비즈의 홈페이지나
이메일(hanbitbiz@hanbit.co.kr)로 알려주십시오. 잘못된 책은 구입하신 서점에서 교환해드립니다.
책값은 뒤표지에 표시되어 있습니다.

⌂ hanbitbiz.com facebook.com/hanbitbiz post.naver.com/hanbit_biz
▶ youtube.com/한빛비즈 instagram.com/hanbitbiz

L'Incroyable histoire du vin by Benoist Simmat and Daniel Casanave
Copyright © Les Arènes, Paris, France, 2018.
All rights reserved.
Korean Translation Copyright © Hanbit Biz, Inc., 2019.
This Korean Edition is published by arrangement with Les Arènes, France through Milkwood Agency, Korea.
이 책의 한국어판 저작권은 밀크우드 에이전시를 통한 저작권자와의
독점 계약으로 한빛비즈(주)에 있습니다.
저작권법에 의해 보호를 받는 저작물이므로 무단 복제 및 무단 전재를 금합니다.

지금 하지 않으면 할 수 없는 일이 있습니다.
책으로 펴내고 싶은 아이디어나 원고를 메일(hanbitbiz@hanbit.co.kr)로 보내주세요.
한빛비즈는 여러분의 소중한 경험과 지식을 기다리고 있습니다.

와인의 역사

글 **브누아 시마**
그림 **다니엘 카사나브**
번역 **이정은**

프롤로그

음… 저 수염, 저 재기발랄한 눈빛, 그리고 강렬한 에너지…

그래요, 저는 바쿠스입니다!

아, 포도주의 신이군요!

네, 맞아요. 로마에서는 바쿠스, 그리스에서는 디오니소스라고도 불렸고요.

그런데 토가를 안 입었잖아요!

힙스터 버전의 바쿠스라고 보면 됩니다.

현대적인 도시인 바쿠스지요. 다니엘 카사나브라는 만화가가 생각해낸 아이디어인데 별로인가요?

아뇨, 괜찮아요. 특히 체크무늬 셔츠가 맘에 드네요. 그런데 당신 역할은 뭐죠?

저는 이 책을 읽는 독자에게 가이드 역할을 해드릴 겁니다.

여러분 같은 독자에게 말이에요.

하긴, 가이드로 당신보다 더 적당한 사람이 누가 있겠어요?

뭐가 놀랍다는 거죠? 와인은 그저 와인일 뿐이잖아요… 기분 좋은 음료이긴 하지만요.

착각하시는 겁니다. 와인은 예사로운 음료가 아니에요. 세계 역사에서 와인의 운명은 정말 특별하지요.

그런가요?

숫자로 살펴볼까요? 아마 놀랄 겁니다. 전 세계에서 매년 와인이 몇 병이나 소비되는지 아세요?

그러니까 이런 병 말인가요?

네, 그 병이요.

전혀 모르겠는데요.

세계적으로 권위 있는 국제와인기구 OIV의 연구에 따르면 2017년에만 대략 325억 병이 소비되었어요.

325억 병이라고요?

그래요. 1인당 5병씩 소비한 셈이죠. 어린이하고 100세 노인까지 합쳐서요!

세상에…

정말입니다. 와인은 이제 전 세계적인 음료가 되었습니다. 세계 각국에서 소비되고 있지요. 아주 외진 지역에서까지 말이에요.

그렇다면 어디서 만들어지죠?

여건만 되면 어디서든 생산되고, 심지어 폴리네시아나 사하라 이남 아프리카처럼 전혀 예상치 못한 지역에서도 생산되지요. 와인의 역사는 세계 정복의 오랜 역사이기도 합니다.

아…, 그럼 포도는 어디에서부터 재배되었죠?

알겠어요. 그런데 발효한 포도즙이 어째서 그런 성공을 거둔 거죠?

아주 핵심적인 질문이에요. 왜 차나 맥주가 아닌 와인이었을까요?

가장 맛있으니까?

아니에요. 아주 맛이 좋은 와인도 있지만 조잡한 와인도 있어요.

또 알코올이 들었거나 들어 있지 않은 다른 맛 좋은 음료도 많이 있죠.

그렇다면 왜죠?

모든 사람이 와인의 여러 장점, 한마디로 와인의 '능력'을 이유로 들지요.

잘 보존되는 능력 말인가요?

그런 이유만은 아니에요. 아득한 옛날부터 사람들은 생산연도와 산지에 따라 매번 달라지는

매혹적인 향을 좋아해왔어요. 또 와인의 알코올 도수도 좋아하고요.

이상적인 도수의 범위는 8/10°(옛 포도주)부터 12/14°(현대 포도주)까지죠.

와인은 스트레스와 통증을 완화하고, 마음을 가라앉히고, 상상력을 자극하고, 창조력과 사회성을 풍부하게 해줘요.

숙성되면서 점점 더 좋아진다는 사실도 장점 가운데 하나고요.

그렇군요.

그런데 이게 전부가 아니에요. 와인은 수천 년 동안 주방이나 병원에서 만능 살균제로 쓰였어요.

물을 맑게 하고 상처를 소독했죠. 심지어 나무로 된 와인 통마저 교환 가치가 있어서 흥정에 사용되었고요.

게다가 와인을 음식에 곁들여 마시면 어떤지는 굳이 말할 것도 없겠지요.

어느 시대에서든 와인은 요리에 곁들일 때 소화를 돕고 기분도 전환해주는 매력적인 음료로 여겨졌어요.

오랜 옛날부터 사랑하는 연인들이 가장 선호하는 음료라는 사실도 잊으면 안 되겠지요.

이유를 다 말씀하신 건가요?

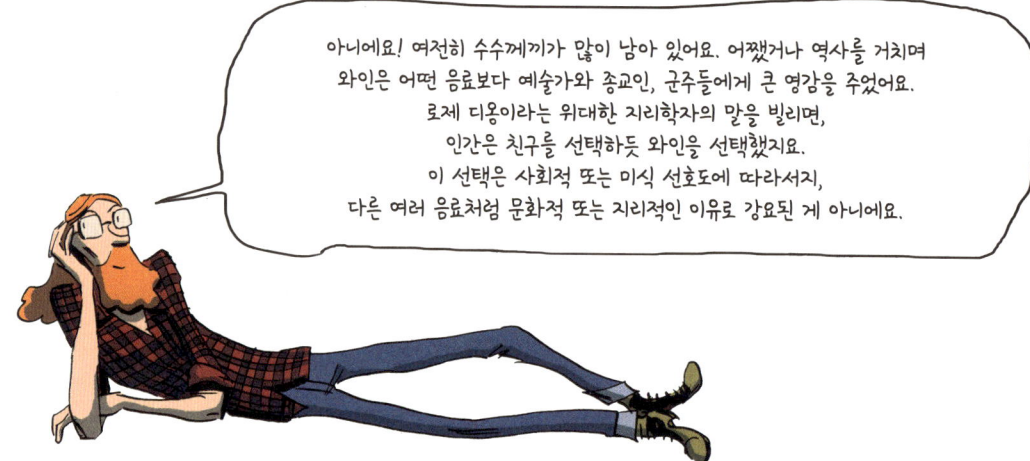

아니에요! 여전히 수수께끼가 많이 남아 있어요. 어쨌거나 역사를 거치며 와인은 어떤 음료보다 예술가와 종교인, 군주들에게 큰 영감을 주었어요. 로제 디옹이라는 위대한 지리학자의 말을 빌리면, 인간은 친구를 선택하듯 와인을 선택했지요. 이 선택은 사회적 또는 미식 선호도에 따라서지, 다른 여러 음료처럼 문화적 또는 지리적인 이유로 강요된 게 아니에요.

하지만 그것만으로 인류의 음료가 되기에는 부족한데요?

그래요, 아직 부족하죠. 이 책에서 다룰 주요 근거는, 와인 문화(그리고 포도 재배 문화) 보급이 지배 문명이 출현함과 동시에 이루어졌다는 거죠. 이건 역사학자 대부분이 동의하는 사실이에요. 메소포타미아와 그리스에서, 로마제국과 중세 봉건 유럽, 이슬람 세계에 이르기까지, 와인은 권력자들에게 기준이 되는 음료, 따라서 국민에게 모델이 되는 음료였죠.

이슬람 세계에서도요?

이슬람 세계에서도 그랬지요. 앞으로 함께 살펴보겠지만, 무함마드는 와인의 역사에 가장 큰 영향을 미친 역사적 인물이에요.

놀랍네요.

지금은 미국이 최대 와인 시장이에요. 전 세계 시장에서 와인이 258조 원어치나 소비되는데, 이 가운데 약 45조 원 정도가 미국에서 소비되죠!

무함마드 이야기를 했는데, 종교 또한 와인의 역사에서 중요한 역할을 했겠지요?

와인이 그렇게 큰 영향을 미쳤는지 몰랐어요.

이 이야기는 바로 최초의 성스러운 책 중 하나인 구약에서 시작되죠. 노아의 이야기를 아시나요?

노아의 대홍수? 방주요?

네, 맞아요. 옛이야기에 따르면 세상의 초창기에 노아가 단단한 육지에 내려 제일 먼저 한 일이 포도나무를 심은 거예요. 이 모든 것을 그림과 함께 살펴보죠.

일러두기

만화로 된 이 긴 이야기에서 여러분은 다니엘 카사나브가 새로 그린 세계 여러 지역의 지도를 만날 것입니다.

이들 지도의 대부분은 참고문헌에 소개된 책에 실린 원본 지도를 충실히 모사한 것입니다.

그 밖의 다른 지도는 우리의 창작물입니다.

차례

프롤로그 04

제 1 장 기원 13
제 2 장 고대의 광기 29
제 3 장 새로운 엘도라도 61
제 4 장 복잡한 동방세계 85
제 5 장 그리스도의 피 105
제 6 장 이슬람의 역설 121
제 7 장 봉건시대의 깃발 143
제 8 장 위대한 발견들 165
제 9 장 아메리카 그리고 그 너머로 191
제10장 테루아르, 왕위에 오르다 209
제11장 친환경 혁명 229

에필로그 260
주 262
참고문헌 264

*현재 이란의 국경 지대
**부록 주 참조

초기의 와인은 메소포타미아에서처럼 특권층이 신을 숭배하는 데만 사용했습니다. 그러다 기원전 2000년, 와인을 통한 사회화의 최초 형태가 나타나기 시작합니다. 이때 이미 화이트, 로제, 레드, 숙성 기간이 긴 와인과 짧은 와인, 달콤하거나 새콤하거나 씁쓸한 와인 등 다양한 와인이 존재했습니다.*

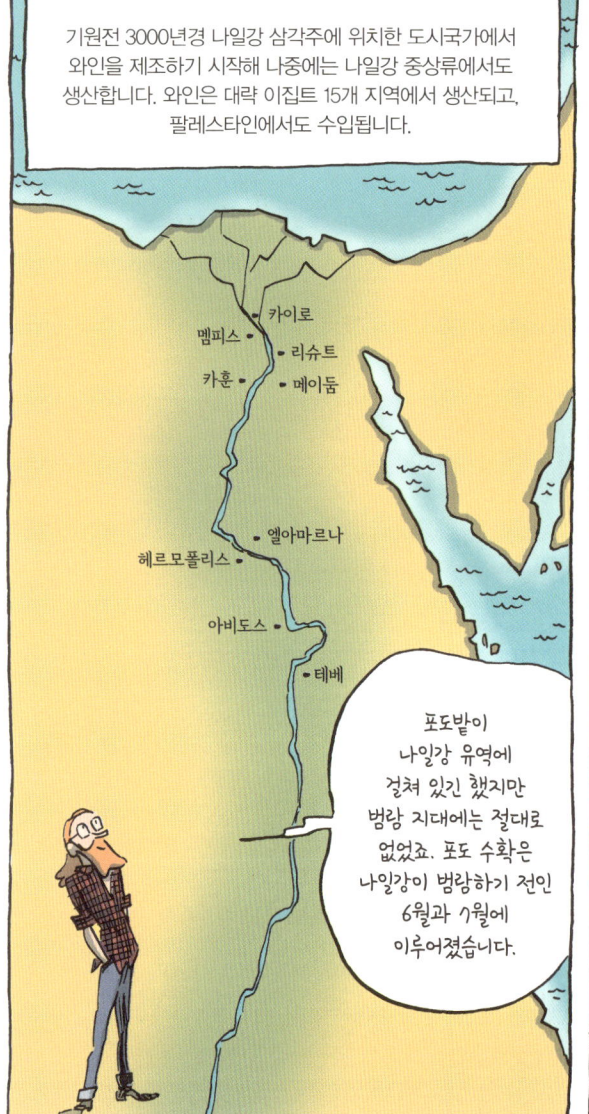

기원전 3000년경 나일강 삼각주에 위치한 도시국가에서 와인을 제조하기 시작해 나중에는 나일강 중상류에서도 생산합니다. 와인은 대략 이집트 15개 지역에서 생산되고, 팔레스타인에서도 수입됩니다.

포도밭이 나일강 유역에 걸쳐 있긴 했지만 범람 지대에는 절대로 없었죠. 포도 수확은 나일강이 범람하기 전인 6월과 7월에 이루어졌습니다.

이 다신교 문화에서 포도주 숭배는 오로지 오시리스 신에 대해서만 이루어집니다. 성스러운 음료를 만드는 포도나무처럼 오시리스도 매년 죽었다가 부활하죠.

오시리스 이야기는 이 술이 발효되는 과정에 대한 커다란 신비에서 유래합니다. 19세기에 파스퇴르가 풀기 전까지는 아무도 몰랐던 비밀이죠! 하지만 같은 시기에 이웃 지역의 일신교 민족에게는 전혀 다른 방향으로 이야기가 펼쳐집니다.

*부록 주 참조

*구전에 따르면 아브라함은 먼저 아브람이라고 불린다.
**포도 품종 중 하나

이보다 1천 년 앞선 이집트에서와 마찬가지로 산지는 와인을 맛볼 때 매우 중요한 요소입니다.

아냐! 페니키아산이 훨씬 낫지.

흠, 아무래도 아나톨리아만 한 건 없어.

이 리디아 와인 훌륭하군!

아테네 민주주의가 출현하기 전에 이미 그리스인은 와인을 떠 옮기는 병과 시음용 잔을 발명했습니다.

크라테르: 와인을 물로 희석할 때 사용한 커다란 장식 용기.

오이노코에: 와인을 떠서 대접하는 데 사용한 단지.

킬릭스: 손잡이가 달리고 나팔처럼 벌어진 작은 잔.

그리스인은 야생 포도로 와인을 만들었을까요? 아니면 경작한 포도를 사용했을까요? 와인계의 인디아나 존스인 패트릭 맥거번과 함께 그 방법을 알아보죠.

간단합니다. 동그란 포도 씨라면 야생 포도지요.

씨가 서양 배 모양이면 경작한 포도고 조직적으로 양조한 와인이죠. 고대 그리스에서는 이런 흔적을 쉽게 찾아볼 수 있답니다!

그리스의 위대한 서사시 《일리아스》에는 와인뿐 아니라 에게해의 섬들과 보이오티아 지방, 트라키아 지방 등 지리적으로 명시된 그리스 포도밭이 여러 차례 언급됩니다.

이 프랑니오스 와인은 신의 술이야. 한 잔 더 해야겠어!

자네한테 거대한 말에 대한 내 아이디어를 말하고 싶은데…

그만두게, 율리시스. 자네 너무 마셨어.

호메로스는 이카리아섬의 포도로 만든 약간 드라이한 이 적포도주가 그리스에서 가장 인기 있다고 했죠.

기원전 6세기 초, 위대한 작가 헤시오도스는 〈일과 날〉이라는 시에서 최초로 포도 재배에 관한 충고를 기록했습니다.

가장 추운 달에 포도나무를 가지치기해야 해. 수확이 끝난 다음이 아니야.

네, 스승님.

네, 스승님.

잘 적어두게.

이따가 비블리노스* 한잔하러 가지.

*지금의 그리스 북동부 지역 판게온산에서 재배되는 포도로 만든 술

기원전 6세기에 이미 우리는 와인 양조에 관한 여러 기법을 통달했지요. 포도가 익은 정도에 따라 무알뢰 또는 리커뢰* 와인을 만들 수 있죠. 자, 내 책을 읽어보게!

네, 스승님.

오리온과 시리우스가 하늘의 중앙에 닿고 장미 손가락을 지닌 오로라가 아르크투루스를 볼 수 있을 때, 페르세스여, 그때 모든 송이를 따서 집으로 가져가거라. 그것들을 열흘 밤낮 햇볕에 내어놓고 닷새 동안 그늘에 두어라. 여섯 번째 날에 기쁨이 가득한 디오니소스의 선물을 길어서 단지에 넣어라.

신생 도시국가로 이루어진 그리스에서 와인은 그 자체로 신이 됩니다! 드디어 디오니소스라는 이름으로 '포도주의 신'이 탄생해 훗날 바쿠스가 되는 거죠. 저는 그리스 신화에서 독자적인 존재로, 뒤늦게 올림포스의 성스러운 판테온에 합류합니다. 제우스의 아들인 동시에 성스러운 음료가 구체적으로 현현한 존재니까요.

이게 조금 복잡한데… 여러분께 제 이야기를 들려드리죠. 들어볼 만하답니다.

*잔류 당도가 조금 강하면 무알뢰, 아주 강하면 리커뢰로 구분

저는 테베를 최초로 건설한 카드모스 왕의 딸 세멜레와 제우스 사이에서 태어났죠.

임신 중이던 어머니는 헤라의 함정에 빠져 제우스의 번개를 맞아 죽었습니다. 제우스는 제가 태어날 수 있도록 저를 자신의 허벅지 속에 꿰매었죠.

제 어린 시절은 비극적이었습니다. 거인들이 제 몸을 잘라 커다란 솥에 넣어 끓이기도 했어요.

제우스는 제가 죽을 때마다, 즉 계절이 바뀔 때마다 매번 새로 태어나게 했습니다.

여러분은 아마 이 은유를 이해했겠지요? 저는 포도주의 신이지만, 더 넓게는 매년 부활하는 식물의 신입니다.

그리고 더 넓게 보면 생산과 풍요, 성애, 창조적인 광기를 비롯한 다른 많은 것들의 신이죠!

비극 시인 에우리피데스가 기원전 405년 자신의 마지막 작품 《바쿠스의 여신도들》에서 저를 얼마나 중요한 존재로 그렸는지 살펴보죠. 이걸 이해하려면 제가 모든 생명 속에 흐르는 액체를 상징한다는 사실을 알아야 합니다.

자네가 비웃는 그 새로운 신, 나는 그 신이 그리스 전역에서 얼마나 위대해질지 이루 말로 할 수 없을 지경이네. 젊은이, 세상에는 두 가지 근원적인 힘이 있다네. 하나는 여신 데메테르인데, 자네가 뭐라고 부르든 그건 대지라네. 데메테르는 메마른 인간에게 양분을 공급해주지. 그런데 세멜레의 아들인 그는 정반대로 나아갔지. 그는 포도로 만든 음료에서 수액을 발견해 인간에게 불어넣었지. 불행한 사람은 이 포도즙으로 고통에서 해방되고 수면을 취하고 하루의 온갖 근심 걱정을 잊을 수 있지. 고통에 맞서는 데 이보다 더 좋은 약은 없다네. 이 신은 신으로 태어나 신들의 영예로 넘쳐흐른다네. 인간의 행복, 그는 바로 그 이유라네.

와인과 그리스 철학은 서로 잘 어울립니다. 플라톤 같은 당대 유명 인사들이 음주를 곁들인 연회에 정기적으로 참여하는 것은 시민생활의 근간 중 하나였죠.

이렇게 해서 심포지온 참가자들은 정의에 따라서 명령하고 복종하는 법을 배운다네.

(와인을) 마시는 사람은 기분이 곧바로 전보다 더 좋아지지 않던가?

밤이 빨리 왔으면 좋겠어!

기원전 5세기 초에 플라톤은 와인과 진리의 관계에 대해 자문합니다. 진리 표출에 대한 와인의 양면성을 거론하면서 말이죠.

인간이 와인을 맛볼수록 더 많은 희망과 상상의 힘으로 가득 차지 않던가? 결국 인간은 자신을 현명하다고 믿기에 이르러 말할 때 완벽하게 자유롭다고 느끼며, 두려움 없이 무엇이든 말하고 심지어는 행하는 데도 주저함이 없어지지 않던가?*

고대 그리스의 사상가는 모두 와인에 대해 나름의 견해가 있었습니다. 오늘날 잊힌 위대한 역사가 필로코루스의 말을 들어보죠.

와인은 인간의 생각을 표현한다.

훗날 로마시대에 회자된 "술 안에 진리가 있다"는 표현이 싹트는 것을 볼 수 있죠!

*《법률》

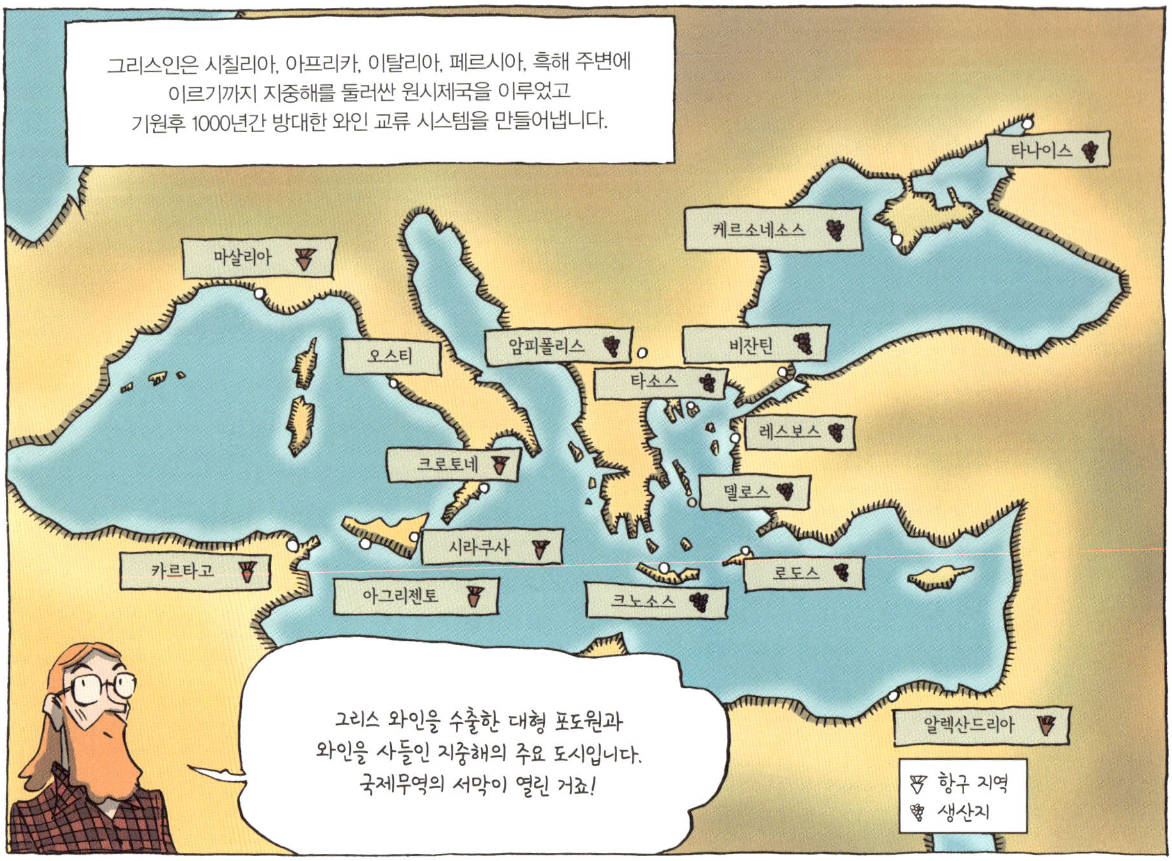

그리스인은 시칠리아, 아프리카, 이탈리아, 페르시아, 흑해 주변에
이르기까지 지중해를 둘러싼 원시제국을 이루었고
기원후 1000년간 방대한 와인 교류 시스템을 만들어냅니다.

타나이스
케르소네소스
마살리아
오스티
암피폴리스
비잔틴
타소스
레스보스
크로토네
델로스
카르타고
시라쿠사
로도스
아그리젠토
크노소스
알렉산드리아

⚓ 항구 지역
🍇 생산지

그리스 와인을 수출한 대형 포도원과
와인을 사들인 지중해의 주요 도시입니다.
국제무역의 서막이 열린 거죠!

와인은 더 이상 올리브기름이나 밀처럼 다루어지지 않았죠.
지중해로 운송된 수만 개의 암포라*에는 원산지와 생산연도,
드물게 생산지명도 적혀 봉인됐습니다.

날 뭐로 보는 거야, 테소스를 주문했더니
델로스를 가져와! 게다가 이건
기원전 322년짜리잖아. 312년짜리라고
하지 않았나!

테소스나
델로스나 그게
그거지…

AOC(원산지 통제 명칭) 개념이
이미 2천500년 전에 존재했어요.

정말
대단하죠?

다음엔 거리도 가까우니
카르타고에 주문하겠네.

*고대 그리스와 로마시대에 쓴 몸통이 불룩 나온 긴 항아리

42

기원전 2세기에 페니키아인이 세운 식민지인 카르타고에서 고대 농학계의 플라톤이라 불리던 농학자 마곤이 태어났습니다. 마곤이 쓴 28권짜리 책에는 포도 재배를 비롯한 모든 농업 지식이 담겨 있었죠.

"스승님, 올리브 묘목은 봄에 심어야 하나요?"

"안 되네. 수확철과 동지 사이에 심어야 해!"

"어떻게 하면 봄철 한파로부터 포도나무를 보호할 수 있죠?"

"포도나무에 물을 뿌리게. 얼음막이 열매를 보호해줄 게야."

마곤이 어찌나 유명했던지, 기원전 146년 로마가 카르타고를 정복할 때 원로원은 마곤이 쓴 책만 회수하라고 명령했습니다. 그의 책을 라틴어로 번역하기 위해서였죠!

마곤의 일생은 잘 알려져 있지 않습니다. 포에니 전쟁 시대에 살았고, 그의 작품 가운데 10편이 포도 재배를 다루었다는 사실만 알려져 있을 뿐이죠. 마곤은 기원전 3세기에 명성이 높던 와인 '파숨' 제조법을 이렇게 설명했습니다.

잘 익은 첫 포도송이를 수확해 곰팡이가 슬거나 상처 입은 종자는 버립니다. 땅에 4피에* 간격으로 기둥을 박고 그 사이를 가늘고 긴 막대로 연결해 그 위에 갈대를 얹습니다. 갈대 위에 포도를 놓아 햇볕에 노출합니다. 밤에는 포도가 습기로 애먹지 않도록 잘 덮어줍니다. 포도가 마르면 열매를 하나하나 떼어 단지나 항아리에 넣습니다. 여기에 포도가 잠기도록, 가능하면 최고의 포도즙을 따릅니다. 엿새째에 포도가 포도즙을 모두 흡수하면 포도를 양조통에 넣고 체에 걸러 즙을 받습니다. 다른 포도에서 얻은 신선한 포도즙을 넣어가며 포도 찌꺼기를 밟고 이것을 사흘 동안 햇볕에 내놓은 후 잘 섞어서 체에 거릅니다. 그런 직후에 두 번째 압착으로 얻은 이 액체를 곧바로 단지에 넣어 점토로 봉인합니다. 이 액체가 떫어지지 않게 하기 위해서입니다. 그런 다음 20~30일이 지나 발효가 끝나면 이 액체를 다른 단지에 넣고 뚜껑에 석회를 바른 후 가죽으로 덮습니다.**

2세기 후 마곤의 말을 전한 건 로마의 위대한 농업 이론가인 콜루멜라입니다. 앞으로 함께 살펴보겠지만, 고대 로마는 마곤에게 많은 것을 빚지고 있지요.

*옛날 길이의 단위로, 1피에는 약 30cm
**콜루멜라, 《농업론》

*올리브를 압착할 때 기름에서 분리되어 나온 물

1세기 로마에서는 이전 세기보다 더 이른 시기인 9월에 포도를 수확했습니다. 수확할 때는 모든 계층이 참여하는 흥겨운 분위기였습니다.

로마인은 포도가 완벽히 익는 9월에 곧바로 수확을 마쳤습니다. 이와 동시에 와인 맛도 변화했죠.

그리스 로마 시대 내내 무르익은 포도를 수확했습니다. 와인은 특히 그리스에서 달콤했죠. 게다가 알코올 농도도 높지 않아서(10° 정도) 온갖 재료를 섞어 향을 냈습니다.

이 와인은 그리 달지 않군. 꿀 좀 넣어보게!

그리스인은 와인 보존제인 황 사용법을 몰랐습니다. 그래서 향을 더하고 잘 보존하기 위해 와인에 바닷물을 넣었습니다. 소금이 황의 역할을 해주었기 때문이죠.

레스보스 해안의 바닷물입니다. 마음에 드실 겁니다!

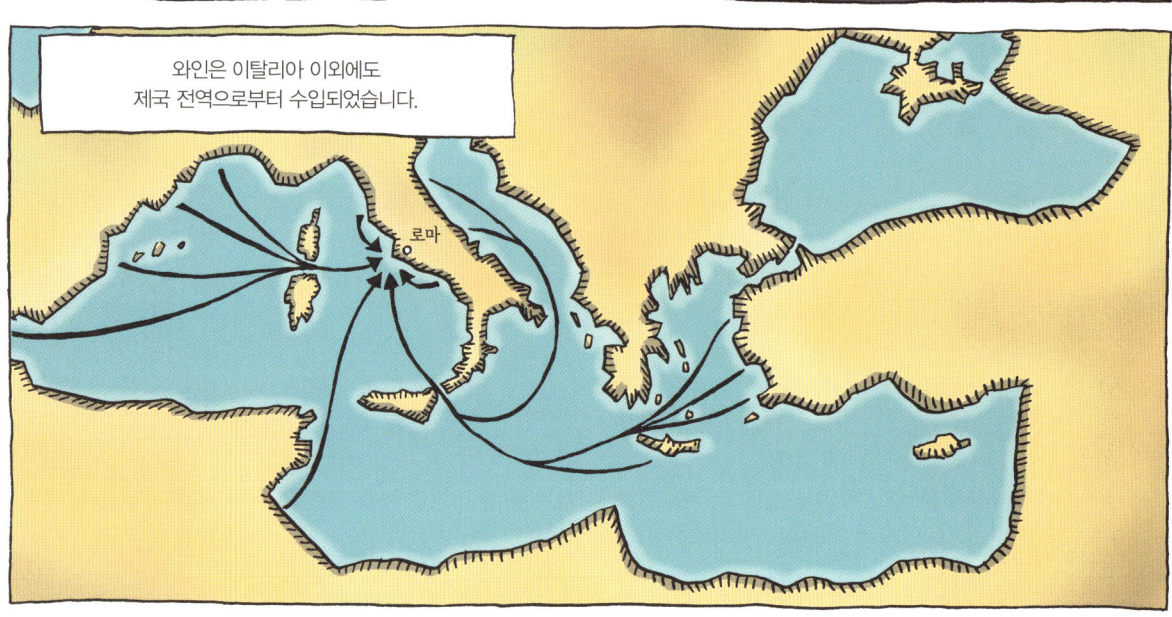

*포도 찌꺼기에 물을 타서 만든 막 포도주
**1아스는 1/4 세르테르티우스 은화
***프랑스 남부에 있던 로마 속주

*10권으로 된 요리법
**《열두 명의 카이사르》를 쓴 로마 작가

수십 년 전, 기원후 30년에 가나라는 작은 도시에서 유대인 가족이 혼인 잔치를 벌였습니다. 평범한 이 행사는 와인의 역사에서 중요한 역할을 하게 됩니다.

"신에게 영광을!"

"브라보!"

"사람들이 여기에서 뭘 하고 있을까요? 뭔가 떠오르는 게 있죠?"

이 혼인 잔치에서 여러분은 두 인물을 알아볼 수 있습니다. 바로 동정녀 마리아와 예수 그리스도죠. 이 장면은 요한복음에 전해집니다.

"저들에게 포도주가 다 떨어졌구나."

"어머니, 저와 무슨 상관이 있습니까? 아직 제 때가 오지 않았습니다."

"무엇이든 그가 시키는 대로 하여라."

그 이후로 와인의 모험은 로마제국의 여러 지방에서 이어집니다. 특히 서쪽 지방, 그중에서도 바로 미래의 프랑스인 갈리아에서 본격적으로 펼쳐집니다!

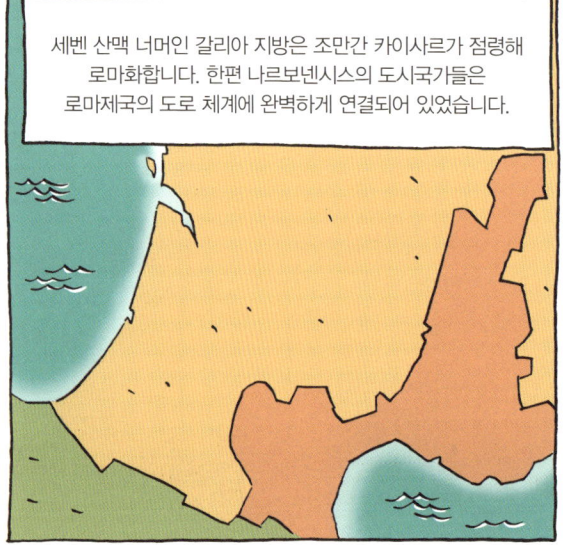

*'좋은 와인'과 같은 뜻으로, 이 표현은 중세까지 사용된다.
**오늘날의 베지에

*카이사르와 겨룬 갈리아족의 영웅
**부록 주 참조

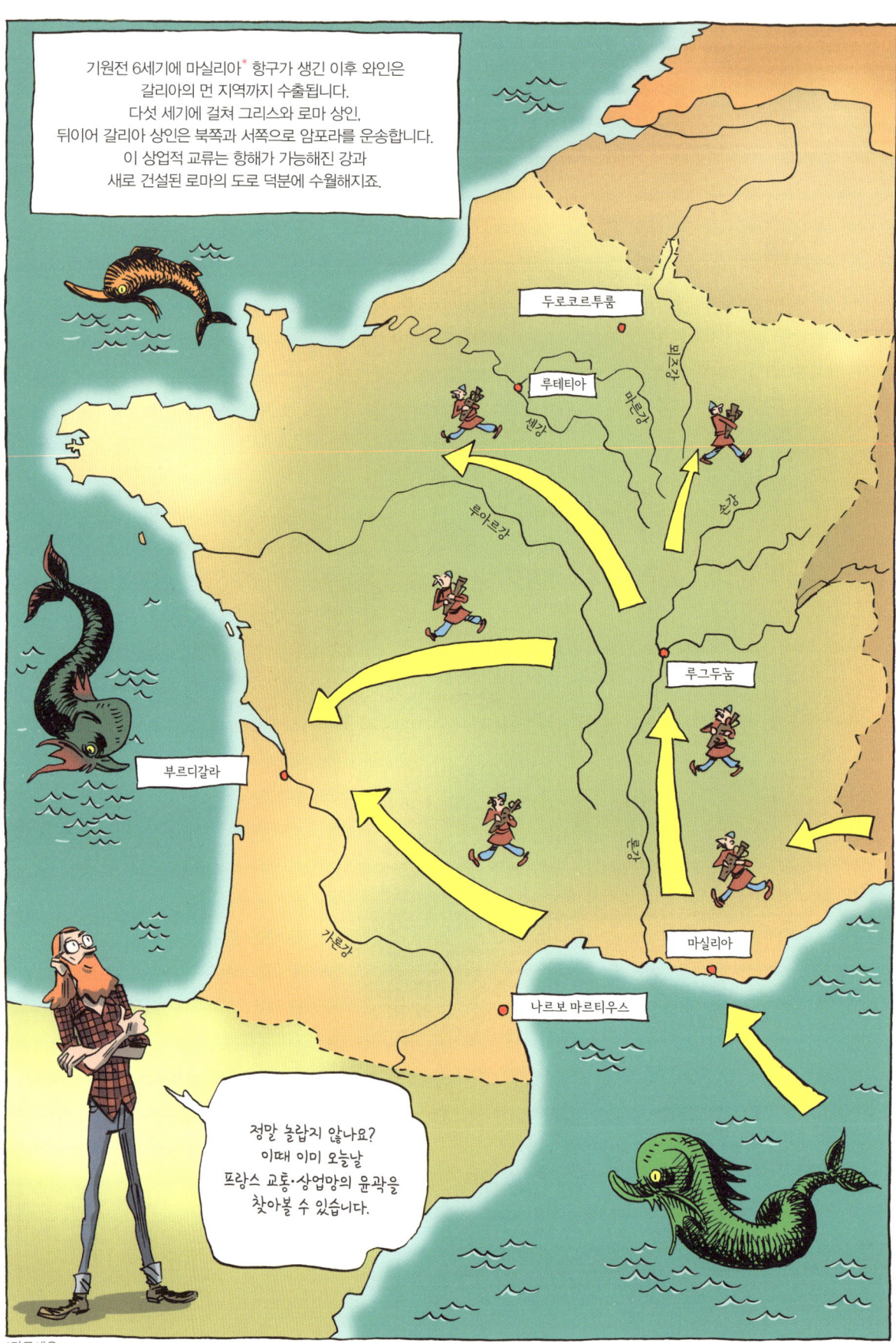

*로마가 갈리아를 지배하던 시대
**옛 프랑스 북부에서 사용하던 길이 단위로, 1리외는 약 4km

*라틴어로 '거대한'이라는 뜻
**라틴어로 '큰'이라는 뜻

*지금의 리옹
**파리
***리모주

이곳 반대편, 가론강 연안의 부르디갈라에 정착한 비투리게스인도 유명한 포도원을 만듭니다. 바로 보르도 포도원이죠!

마르쿠스, 어디 가냐?

바다로 가요! 이 나무판자로 파도를 타려고요.

우리 아들이 미쳤나 봐요.

부르디갈라

하지만 부르디갈라에서는 일모노모게투스와 달리 대서양의 혹독한 기후에도 견딜 수 있는 포도를 재배하는 게 문제였습니다.

나 참, 나르보넨시스의 묘목은 비바람을 견디지 못하는구먼.

아쉬워라! 꽃 축제를 열려면 아직 멀었네.

더 튼튼한 묘목을 찾아보세! 서 히스파니아*로 가볼까?

*스페인

*만화 《아스테릭스, 스페인에 가다》의 등장인물
**아일랜드

황제의 칙령으로 갈리아 서부와 북부에서는 포도 재배에 제동이 걸립니다. 2세기에는 지롱드 지방부터 레만호까지를 경계로 포도를 경작하는 남부 갈리아와 와인을 수입하는 북부 갈리아가 나뉩니다.

부르디갈라
디보나*
루그두눔
제네바

한편 리옹에서는 '네고티아토레스 비나리'라는 강력한 와인 도매상인 조합이 사업을 혁명적으로 발달시킬 도구를 하나 개발합니다…

나는 북쪽의 루테티아라는 작은 마을에까지 따숨을 수출한다네.

거기 사람들 엄청나게 마셔대잖아. 참! 배송에는 세르부아주 통을 사용하나?

응, 훨씬 다루기 편해.

*카오르

*참나무를 판 모양으로 자른 것

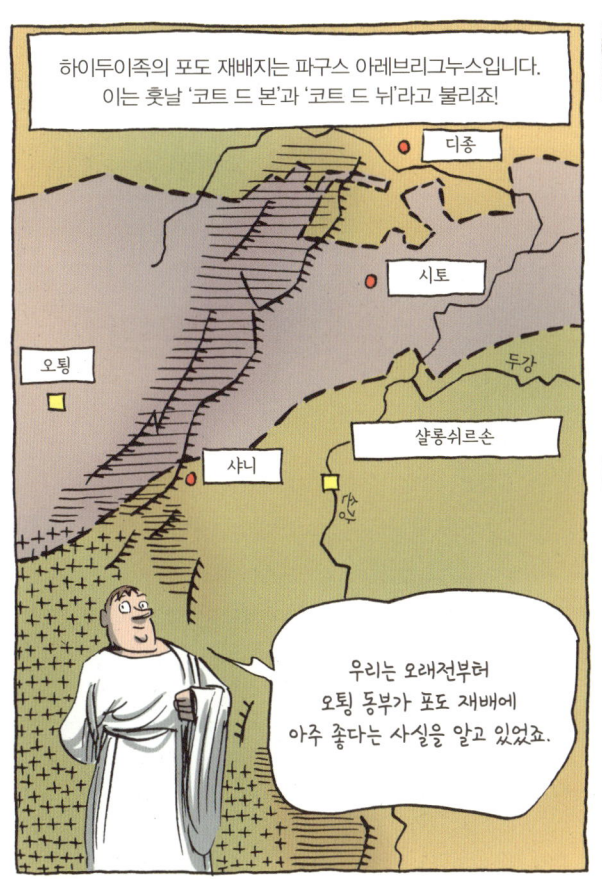

*뿌리가 나오도록 땅에 파묻은 포도나무 가지

4세기에 기독교가 전파되면서 로마 동부에 포도원이 조성됩니다.

제게는 가자와 사렙다, 그리스섬에서 난 와인, 또 프리지아, 마케도니아, 베카의 암포라 와인도 있습죠.

하루에도 몇 번씩 미사를 올려요. 다행한 일이죠!

보시게, 로마인! 우리는 마곤과 플리니우스의 지식을 받아들였네.

이곳에서는 햇살을 가득 담은 풍부한 와인을 생산하지. 갈리아의 밍밍한 와인과는 달라!

이런 활력은 제국의 동부 국경을 넘어갑니다. 이번에는 강력한 이웃 제국을 살펴보죠.

*장로베르 피트, 《와인의 세계 정복 욕구》

*은 1달란트는 은 25kg

페르시아의 영향을 받아서 중앙아시아, 특히 우즈베키스탄*의 오아시스 지대로 포도 재배가 전파됩니다.

우리가 당신네보다 먼저 여기 있었다고.

뭐야! 당신은 이미 시르다리야 오아시스에 포도나무를 심었잖아!

뻔뻔해도 유분수지. 부카라에서 둘이 같이 있었잖아.

뭔 소리야. 내가 이 낙타 같은 놈하고 손을 잡았다고?

낙타한테 한번 맞아볼래?

중앙아시아의 이 길에는 개인주의가 판을 칩니다. 훗날 이 길은 '비단길'이라고 불리죠.

사막 지대에서는 오래전부터 물을 보존할 수 있는 땅에 포도 묘목과 멜론을 함께 길렀습니다.

지하수는 너무 깊이 있어 포도와 멜론을 함께 기르죠.

음식과 와인 궁합은 영 안 맞지만요.

이 놀라운 농법은 오늘날에도 존재한답니다!

*부록 주 참조

*중국어로 '포도로 만든 술'이라는 뜻
**현재의 우즈베키스탄
***당시 중국의 수도

이 보라색 열매는 놀랍군. 이걸로 뭘 만들려는가?

음료입니다, 전하!

이리하여 푸타오지우는 궁정에서 높이 평가받는 음료와 더불어 약재가 되죠.

아프시면 이 약을 절제하지 말고 드셔야 합니다.

건강하셔도 주저 없이 드셔야 합니다.

?!

하지만 기원후 500년간 중국에서 포도로 만든 술은 궁궐에서나 보는 진기한 음료일 뿐이었습니다.

*중국 북서부 신장

제5장
그리스도의 피

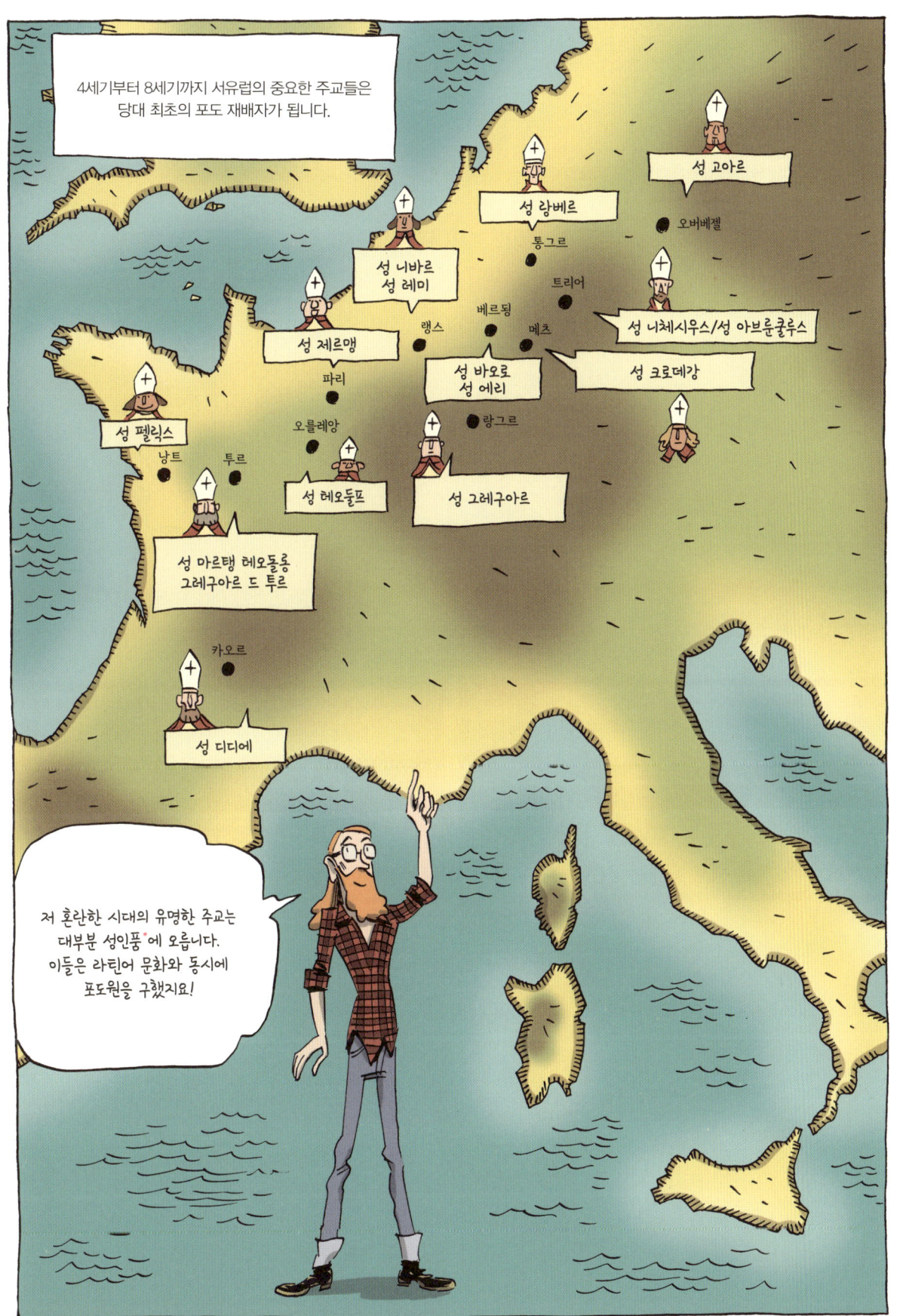

당시에 와인은 성찬식 외에도 고위층 방문객을 대접할 때 쓰는 특별한 음료였습니다.
'뱅 도뇌르'라는 칵테일파티 풍습도 여기에서 생겼죠.

폐하를 위해 제 개인 저장고에서 최고의 와인을 내왔습니다.

음…

아쉽군. 카오르 와인이 아주 맛이 좋다던데.

주교구의 최상품 와인은 교환 수단으로 사용되기 시작합니다.

성 오누프리오*의 이름을 걸고 말하는데, 이 천은 아우스트라시아** 최고 명가에서 만든 거라고요.

그 손 치우게! 우리 주교님이 성 디디에의 혼이 담긴 이 훌륭한 카오르를 주셨네.

성 디디에라면…

천국에서 주님이 10배로 돌려주실 거라는 거, 자네 알지?

마음대로 지껄이셔!

*방직공과 직조공의 수호성인 중 하나
**메로빙거 왕조기의 옛 프랑크 왕국

*《성 베네딕트의 삶과 규칙》
**약 0.27L로 와인 한 병의 3분의 1 정도

*리비아, 튀니지, 알제리, 모로코 등 아프리카 북서부 일대의 총칭

제6장
이슬람의 역설

그런데 610년에 가브리엘 천사가 무함마드에게 나타나 최초의 음송*을 합니다.

독실한 사랑은 반드시 낙원에 갈 것이다. 너는 그들의 이마에서 천복의 빛이 빛나는 것을 보리라. 그들에게는 봉인된 향기로운 포도주가 대접되리라. 봉인은 사향으로 되어 있을 것이다. 이 포도주를 타스님 샘물에 섞으리라. 이는 알라에게 다가가는 이들이 마시는 샘물이다.**

코란의 이 장은 알라의 계시를 믿는 신자에게 주어지는 천국을 묘사합니다. 여기서 와인은 중요한 위치를 차지하고, 오늘날에도 여전히 그렇습니다. 아득한 옛날부터 와인을 마셔왔고, 심지어 오아시스에서 포도 경작을 실험한 지역이니 당연한 결과죠.

아라비아반도산 와인은 훌륭하진 않았지만, 이곳에서 양조되거나 보다 비옥한 샴***이나 메소포타미아, 헤자즈에서 수입한 와인은 6세기 메카 일상생활의 일부를 이루었습니다.

H. 존슨

*아랍어로 '코란'
**H. 존슨, 《와인의 세계사》
***시리아의 옛 이름

"이제는 모든 게 아주 분명해졌다."

"포도주와 도박, 조각상, 점술은 사탄이 만든 혐오스러운 것이다. 그러니 이를 멀리하라. 그러면 너희는 행복할 것이다. 사탄은 오로지 하나만 바란다. 포도주와 도박을 이용해서 너희 사이에 반목과 증오를 일으키고 알라와 기도에서 멀어지게 하는 것이다."

그래서 와인은 훗날 영생에서 누릴 거나단 즐거움 가운데 하나가 됩니다.

"하지만 천국에서는…"

"독실한 신자에게 약속된 그 환희에 찬 곳에서 포도주는 중요한 위치를 차지하노라. 섹스나 음악, 축제처럼 포도주는 지상의 삶 동안 알라의 종교를 엄격하게 지킨 사람들이 기대할 수 있는 영원한 즐거움에 속하느니라."

*정확한 시기는 확실치 않음(아마도 632년경)
**4장 참조

*2장 참조

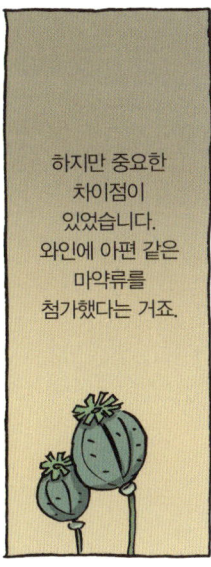

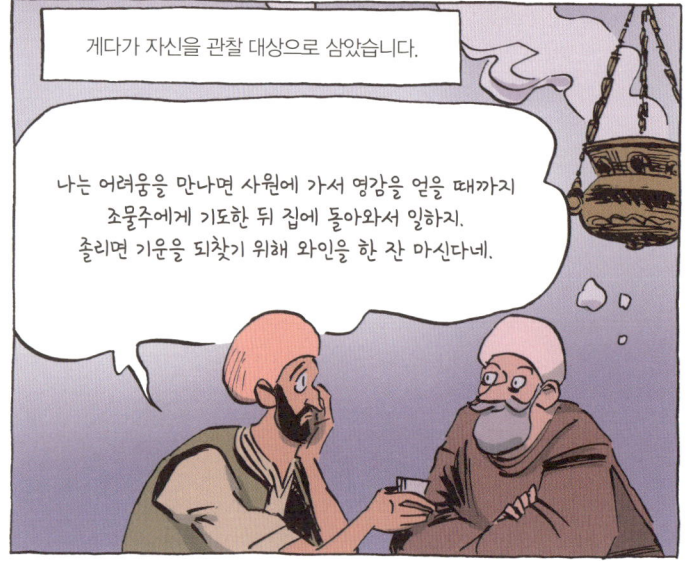

당대의 위대한 이슬람 시인들은 와인과 이슬람의 긴밀한 관계를 더없이 훌륭하게 노래했습니다.*

술에 취하고 사랑에 빠졌는가? 기뻐하라.
연인의 손길과 포도주로 몸이 타는가? 후회하지 말라.
미래를 걱정하지 말라. 너는 자신이 누구인지도 결코 알 수 없으리라...
그러니 건배!

나는 1년에 한 번 한 달 내내 단식하며 모든 거짓 신들을 멀리한다네. 그럼에도 불구하고 점잖지 못해서 술자리가 있으면 한 잔을 받아 순수한 포도주로 좋은 고기를 적시지.

우마르 하이얌

아부 누와스

사랑하는 이를 기리며 포도주를 마셨네.
포도나무가 창조되기도 전에 이미 우리를 취하게 만든 그런 포도주를. 그 잔은 보름달, 포도주는 태양.
초승달이 포도주를 흘려 우리를 적시네.
별뿐이로다! 포도주 향이 나를 술집까지 이끌었고,
그 빛깔로 포도주를 상상할 수 있었네.

우마르 이븐 알 파리드

*부록 주 참조

아라비아 문학의 걸작 《천일야화》에는 와인에 관한 여러 일화가 나오는데,
그중 '원숭이 섬'에서 벌어지는 신드바드의 '다섯 번째 항해'가 유명합니다.

섬에 오르기 전에 자그마한 노인을 어깨에 태워주었는데, 그는 발로 목을 조르며 나를 놓아주지 않았다.

간신히 언덕을 오른 나는 잘 익은 포도를 발견했고 곧장 수확했다.

포도주를 만들기 위해 포도송이를 햇볕에 내놓고 좋은 즙을 짤 수 있을 때까지 기다렸다.

노인을 속이기 위해 포도주를 마시고 신나게 춤을 추었더니, 노인은 궁금해하며 마시고 싶어 했다.

포도주의 힘을 몰랐던 노인은 빨리 취했고, 나는 그를 떼어낼 수 있었다.

신이 그에게 자비를 허락하지 않았으므로, 나는 바닥에 떨어진 노인을 죽일 수 있었다.

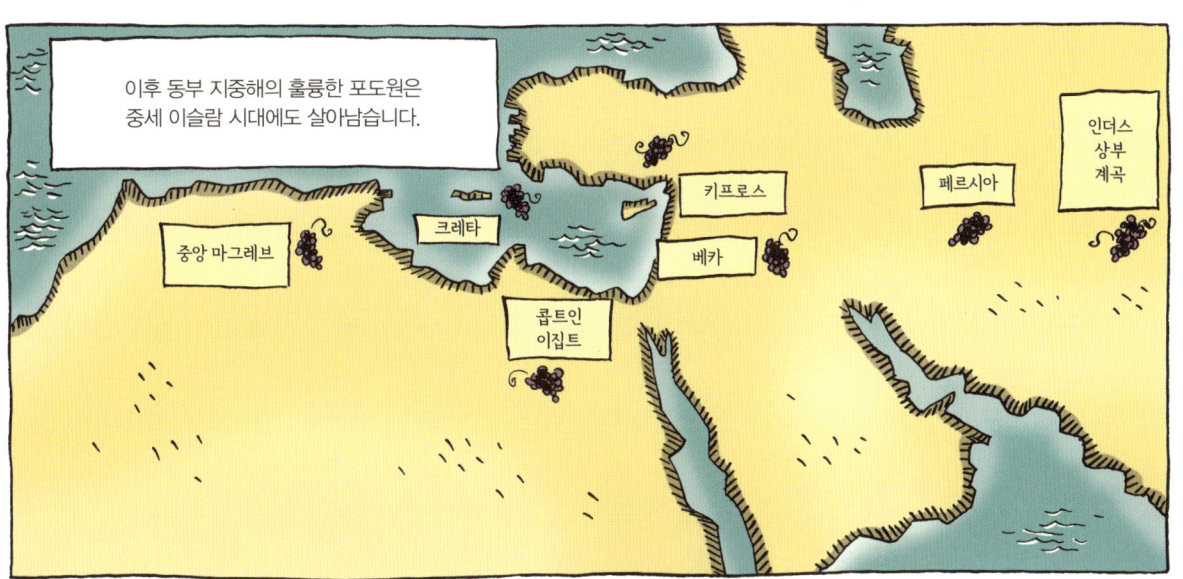

베니스인은 강력한 상권 덕분에 기독교화한 유럽 북동부의 신생 국가, 특히 가톨릭교의 폴란드나 그리스정교의 러시아에 와인을 공급하게 됩니다.

그들은 모두 와인을 좋아하지요. 금방 갈게요!

발트해

폴란드

러시아

13세기까지 영성체는 반드시 빵(몸)과 포도주(피) 두 가지 형태로 이루어졌습니다. 그래서 기독교 국가가 늘어날수록 와인 수요도 늘었지요.

와인이 이슬람교 아래서 살아남긴 했지만, 봉건제의 기독교 세계에 와인을 공급한 것은 동방국가에서 생산된 포도가 아닙니다. 십자군 정복으로도 상황은 바뀌지 않죠.

주님의 묘지가 해방되었어. 이제 우린 뭘 하지?

포도나무를 다시 심자!

훗날 세계의 '와인 창고'가 된 곳은 바로 서유럽입니다. 이런 변화는 프랑스와 스페인, 이탈리아, 독일 각국의 위대한 왕들의 시대에 일어납니다.

신이 지켜보는 가운데, 이 극도로 꼼꼼한 수도사 수천 명은 오늘날 이루어지는 것과 같은 정밀한 포도 재배 기법을 처음으로 만듭니다.

최적의 품종 연구

포도나무 가지치기 최적화 실험

최고 품종 선별

구획별 양조

비교 시음

놀랍지 않나요?

이로써 이 시기에 미래의 세계 유산이 탄생하지요.

부르고뉴의 시토 수도원뿐 아니라 라인강 인근 라인란트의
에버바흐 수도원도 당대 제일의 포도원이었지요.*

이게 우리 슈타인베르크인데, 당신네 '클로'에 해당하지요.

석회암인가요, 아니면 편암 토양인가요?

바로 이곳의 포도가 세계적으로 명성을 얻을 와인의 시초인…

이 경사진 밭에서는 적포도보다 백포도 와인이 훨씬 좋지요.

리슬링입니다.

게르만족 땅에서 난 건 좀 더 새콤하지요!

*부록 주 참조

강력한 군주였던 부르고뉴 공작 용담공 필리프는 부르고뉴의 포도원 '클로'가 진정한 권력이라는 사실을 깨닫습니다.

클로 드 타르
클로 뒤 샤피트르
클로 드 베즈
클로 생드니
클로 생장
클로 프리외르
콩브 오 무안
클로 드 부조

신부님, 말씀해보시죠. 수도회 사업이 아주 번창한다면서요.

유럽의 모든 궁중이 수도회 와인을 찾는다던데요.

경쟁은 격렬해집니다. 중세의 온화한 기후는 봉건 유럽에 와인 문화를 정착시킵니다.

덴마크

북잉글랜드

남아일랜드

폴란드

프랑켄 보헤미아 슬로바키아
              모라바
       오스트리아

이제는 아일랜드에서도 포도를 심지요!

*부르고뉴가 원산지인 포도 품종
**훗날의 피노 누아르

*스페인 중부의 옛 왕국

백년전쟁이 끝난 후 1453년에 아키텐은 다시 프랑스령이 됩니다. 하지만 보르도의 정체성은 수 세기 동안 영국과 연결되어 있었죠. 남서부의 한 유명한 일화로 이 각별한 관계를 잘 알 수 있습니다. 어느 날, 영국군 총사령관 존 탤벗이 카스티옹 전투에서 죽음을 맞습니다.

왕을 위하여!

그러니까 영국 왕 말이지!

그런데… 저 사람 뭘 한 거야?

프랑스를 상대로 무기를 들지 않겠다고 앵세했거든. 진짜 무기도 없이 돌격하더라고.

이 때문에 수많은 보르도의 그랑 크뤼 중 하나에 '샤토 탈보*'라는 이름이 붙는답니다.

백년전쟁 이후 상업이 빠르게 회복되자, 가스코뉴인은 자기네 와인을 영국뿐만 아니라 유럽 전역에 수출하도록 프랑스 왕의 허가를 받습니다. 이렇게 중세 말기에 보르도는 유럽 와인 산업의 중심지가 됩니다.

116년 동안 전쟁을 치렀더니 영국 수출이 엄청 줄었어!

그래도 이제는 브뤼주, 에든버러, 쾰른, 함부르크 같은 데도 팔잖아.

*'탤벗'의 프랑스어 발음

*이슬람 세력에 대항한 가톨릭 국가들의 국토 회복 운동

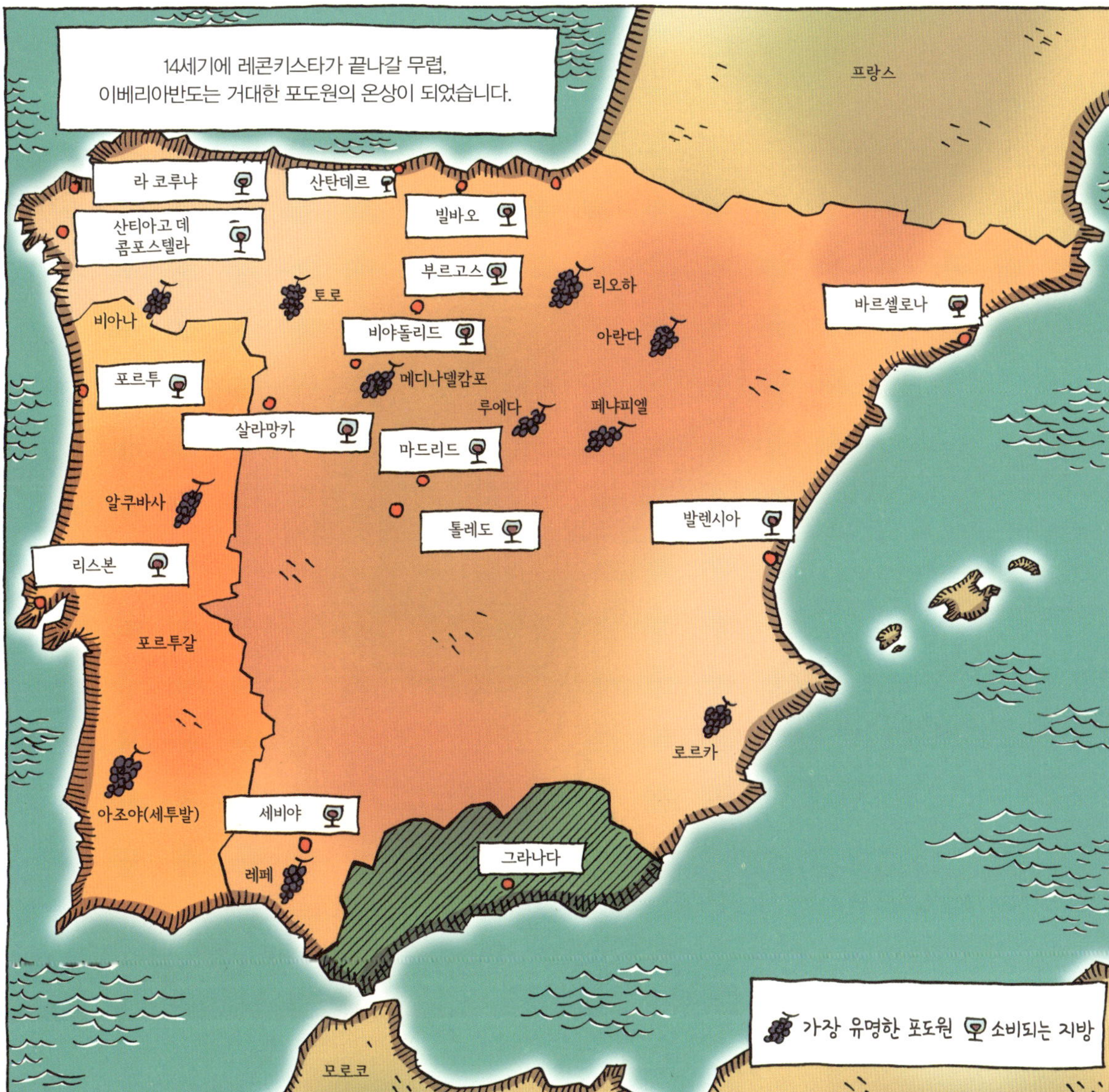

*중세 영국의 시인 제프리 초서의 시를 각색함.
**포르투갈 북부의 '녹색 와인'으로 오늘날에도 있다.

*2장 참조

긴 운송이나 저장 기간을 견딜 수 있는 상품을 구비하려고 북유럽 상인들이 개발한 강화 와인 또는 리커뢰 와인을 모두 표시한 지도입니다.

마데이라

남아프리카
콘스탄시아

헤센
프랑켄
레옹
부브레
알자스
샤토 샬롱
아르부아
피노
루피아크
몽바지아크
소테른
봄
뤼넬
프리울
쥐랑송
포르투
페르살라
모리
리브잘트
바뉠스
카시스
그라돌리
세투발
헤레스
말라가

유럽의 주요 리커뢰 와인.

포트와인 같은 주정강화 와인은 알코올로 강화합니다. 증류주는 박테리아 번식을 크게 늦추죠.

쿨쿨쿨…

무알뢰나 리커뢰 와인에는 설탕이 엄청나게 들어 있어서 알코올처럼 와인이 시어지는 것을 막아줍니다.

쿨쿨쿨…

케넬름 딕비가 실험을 계속하던 때에 당대 유럽의 가장 큰 항구도시인 암스테르담에서 중요한 와인 보존 기술이 만들어집니다. '네덜란드 성냥'이라고 부르는 기술이죠.

새 나무 술통을 완벽하게 닦은 다음, 그 안에서 황 심지를 태워. 그러면 나무가 소독돼서 와인이 오랫동안 시어지지 않을 게야.

알겠습니다, 나리.

17세기 바다의 지배자는 네덜란드 상인이었습니다. 그들의 힘이 극에 달한 1669년에 네덜란드공화국은 1만 6천 대의 선박을 지닌 데 반해, 프랑스 루이 14세의 선박은 600대였죠!

라인란트 지방 같은 북부 포도원에서도 상인들은 와인이 공기와 접촉하는 걸 최소화하려고 나름대로 노력합니다. 추위를 이용해 박테리아 번식을 늦추는 방법도 사용되었습니다.

자네! 벨라민으로 조금 덜어내게.

자네는 양조통에 같은 분량의 새 와인을 넣게!

산소하고 덜 접촉할수록 와인을 오래 보관할 수 있어.

새 와인이 없으면요?

깨끗한 돌멩이를 넣으면 되지.*

*실제로 사용된 방법이다.

영국인이 가공할 기술자라면, 그들의 경쟁자 네덜란드인은 상업 활로를 트는 데 무서운 능력을 발휘합니다.
16세기에 이미 그들은 우리가 오늘날에도 즐기는 온갖 상품을 가져다 팔았지요.

증류주

라틴어로 아쿠아 비테(생명의 물)라고 부르는 증류주는 알코올을 증류해 만든 것으로 아랍인이 발명한 듯합니다. 독일인이 이걸 처음 음료로 만들었다죠. 증류주는 배로 쉽게 운송할 수 있지요. 네덜란드인이 만든 진은 유럽에서 최초의 독한 술이었습니다.

담배

아메리카 대륙에서 처음 발견된 담뱃잎은 처음에 피우거나 씹었습니다. 유럽 귀족에게 사랑받았죠. 담배 운송도 무척 쉽지요.

맥주

아주 오래된 발효 음료로, 원래 맛이 순하고 달콤했지요. 네덜란드 상인이 홉으로 만든 맥주를 일반화시키면서 맥주 맛이 써지고 오랜 운항을 견딜 수 있게 되었습니다.

초콜릿

멕시코가 원산지로, 처음에 카카오와 붉은 고추로 만든 음료였다가 스페인 사람들이 설탕을 넣으면서 맛이 부드러워집니다. 18세기 초에 최초의 고체 판형 초콜릿이 앙베르와 런던에 수입됩니다.

커피

에티오피아가 원산지입니다. 먼저 아랍 세계로 전파되었고, 이후 네덜란드 상인이 유럽 대도시로 들여옵니다. 유럽 도시에서 값싸고 널리 소비되는 음료로, 그 이름을 따서 '카페'라는 장소가 만들어졌지요.

차

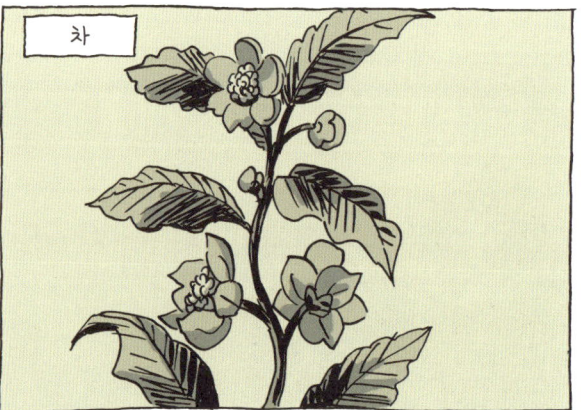

네덜란드인들은 네덜란드령 인도(지금의 인도네시아)에서 중국의 차 기술을 배워서, 관련 물자와 기술을 암스테르담 항구를 통해 유럽으로 들여옵니다. 커피와 달리 차는 곧바로 사치품이 됩니다.

이 모델을 본보기로 18세기 초에 보르도산 그랑 크뤼의 근대 경제 체제가 발달합니다. 일단, 북유럽 각지의 상인들이 전 세계적으로 유명한 샤르트롱 구역에 자리를 잡지요.

로런, 바런, 존스턴… 이제 보르도에는 외국 상인들만 남겠소!

린치, 시셸, 크레스만도 있죠. 영국과 아일랜드, 네덜란드 전역에서 옵니다. 중개인들이 좋은 와인을 알려주거든요.

도매상인들이 그걸 사서 정제하죠. 그럼 우린 그걸 우리나라로 수출하고요.

한편, 보르도 포도원 주인들은 점점 많고 까다로워지는 고객을 만족시키기 위해서 더 좋은 땅을 찾아 경작을 늘립니다.

따거라!

18세기 초중반에 메도크의 새 포도원을 나타낸 이 지도를 보세요. 포이아크 주위로 훗날 유명해질 샤토들이 이미 현재의 이름으로 불립니다.

18세기 메도크의 초창기 '그랑 크뤼'

지롱드강

칼롱세귀르

라피트

무통

포이아크

블라예

라투르

피숑

베슈벨

레오빌

보르도

*부록 주 참조

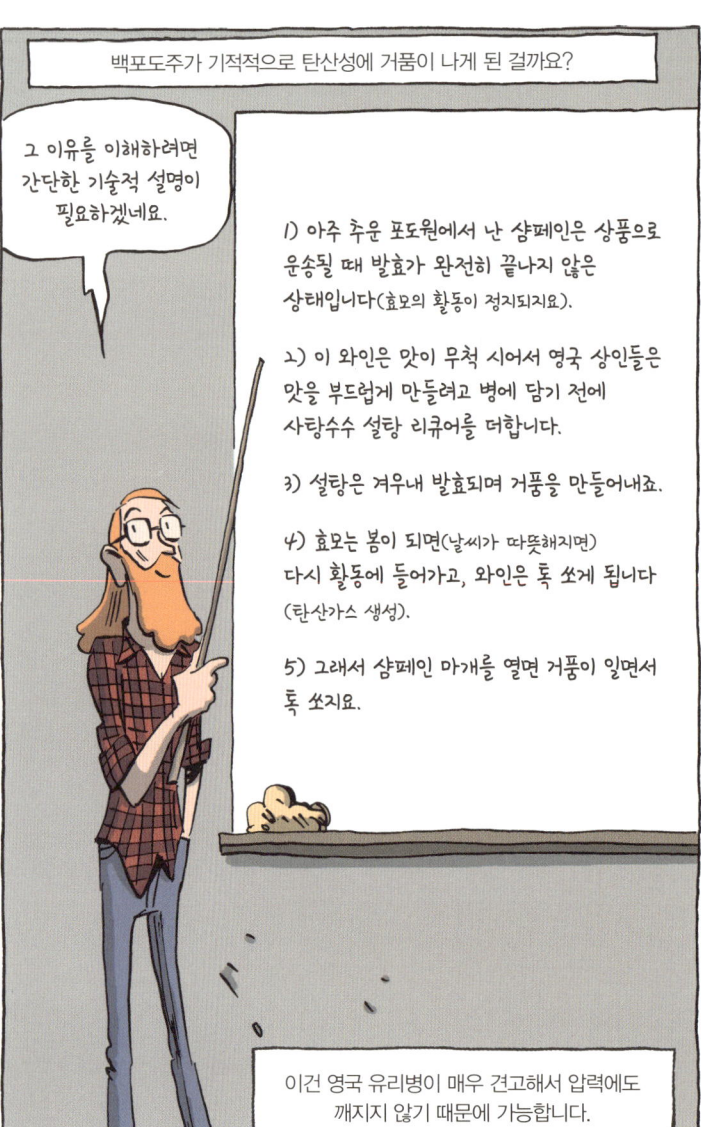

*오르드르 데 코토

*초창기 샹파뉴 기법이 만들어졌다.
**백악질 동굴 저장고

*그리스신화에 나오는 암피온과 니오베의 딸
**아테네의 공주

프랑스혁명을 앞둔 세기에 와인 시장의 다른 스타들, 특히 당도 높은 리커뢰 와인이 발달합니다. 그중, 도루 계곡에서 생산되는 포르투갈의 포트와인은 영국인이 독점하지요.

높은 계곡에서 난 포트와인은 확실히 좋습니다. 물론 경작지를 잘 고른다는 조건하에서 말이요. 화강암보다는 편암이 좋지요.

어떻게 알아보죠?

달이 밝은 밤에 경작지를 보러 가세요. 편암의 석영은 빛나고, 화강암은 침침할 겁니다.*

포트와인과 마찬가지로 마데이라 와인은 증류주를 넣어 강화해서 오래가지요. 네덜란드와 영국의 상인들은 마데이라 와인이 오래 항해할수록 더 좋아진다는 사실을 발견한IC다.

자네 처음인가? 이곳 풍샬에서 마데이라 와인을 실어 봄베이로 떠나면 런던까지 돌아가는데 6개월이 걸리지.

인도로 가는데 어째서 이 와인을 싣는가? 열대지방에서 상해버릴 텐데…

그래서?

여행이 길수록 런던에 갖다 팔 마데이라가 좋아진다네. 이 와인은 절대 안 상해.

*휴 존슨

헝가리의 토카이 지역에서 포도 재배자들은 매우 특별한 리커뢰 와인인 '토카이'를 생산합니다. 동유럽의 강력한 군주들이 참으로 탐내는 훌륭한 술이었죠.

모두의 관심사인 토카이 와인 배분 문제에 대해 이야기해봅시다. 러시아에 보급 위원회가 창설됐는데, 우리 프러시아도 제 몫을 챙겨야 한다고 생각합니다.

여러분, 토카이 지역이 우리 오스트리아-헝가리 영토에 속한 만큼, 우리 궁에서 먼저 필요한 양을 챙겨야죠.

그런 식으로 나오면, 우린 크림반도에 직접 토카이 포도원을 만들겠소. 두고 보시오.

라인란트 지방과 훗날의 독일 서부 전역에서는 리슬링 포도로 훌륭한 저장용 와인, 특히 리커뢰 와인을 만들기 시작합니다.

이 리슬링은 나이가 들수록 훨씬 좋군요. 어떻게 하면 우리나라 사람들이 와인을 오래 숙성해서 마시게 할 수 있을까요?

신랑이 미래의 신부한테 자기가 태어난 해의 술통을 선물하는 것을 라인란트의 풍습으로 만들면 어떨까요?

이런 식으로 유럽 전역에서 와인 전통이 생기기 시작합니다.

제9장
아메리카 그리고 그 너머로

*부록 주 참조

캘리포니아의 초기 포도 재배는 동부 해안보다 느리게 이루어집니다. 프란치스코 수도사들이 미사를 드리려고 이곳에서 오랫동안 와인을 만들어왔지만, 이들에겐 시토 수도사들의 경험과 지식이 없었기 때문이죠.

스페인 가톨릭교는 이 유명한 지역에 뒤늦게 관심을 갖기 시작합니다. 지금의 새너제이와 샌디에이고 사이에 전도소가 단 20곳 정도 있었죠. 가톨릭교회 성직자들은 그곳에서 스페인 정부에서 준 포도 품종인 '미션' 한 가지만 재배합니다. 콘키스타도레스 이후 남아메리카에서 이미 시험 재배된 품종이죠.

'미션'은 비티스 비니페라의 혼성 품종이지만 다루기 어렵습니다. 당시에 사용한 양조 기술이 너무나 시대에 뒤떨어져서 더욱 그랬죠.

여기에서도 다시 한 번 개척자가 등장해 혼신의 노력을 들여 역사를 바꿉니다. 1831년에 이름도 근사한 장루이 비뉴*가 로스앤젤레스에 도착해서 자신의 와이너리를 만들죠. 그런데 그는 자기 고향인 보르도의 포도 품종만 사용합니다!

*'비뉴(vigne)'는 프랑스어로 '포도나무'라는 뜻이다.

*미국의 샴페인 전통은 오래됐다. 프랑스 샹파뉴 사람들은 2010년에야 '샴페인(champagne)'이라는 이름을 미국에서 사용할 수 없게 한다.
**213쪽 참조

*196쪽 참조

1935년 7월 31일, 프랑스 정부 시행령으로 '원산지 명칭 국가 위원회', 즉 미래의 INAO*가 창설됩니다. 초대 위원장은 조제프 카퓌입니다.

> 우리 기구의 역할은 매우 중요합니다. 원산지 명칭은 와인의 특수성, 와인이 테루아르와 맺는 관계뿐 아니라 그 이름도 보호합니다.

> 이제 캘리포니아 샴페인은 끝이오!

> 투르키스탄의 샤블리도요!

1936년 5월 15일에 등록된 최초의 원산지 통제 명칭 6개에 이어 다른 여러 명칭이 빠르게 등록됩니다.

> 1936년 말에 이미 AOC는 보르도에서 25개, 부르고뉴에서 22개에 이릅니다.

> 1947년에 제가 위원장이 될 때쯤, 프랑스에는 100여 개의 AOC, 즉 최고의 테루아르가 전부 정해지죠.

아르부아
코냐크
샤토뇌프 뒤 파프
타벨
몽바지아크
카시스

*프랑스 국립 원산지 품질관리원

*매년 11월 마지막 주말에 부르고뉴에서 열린다.
**'프랑스 와인 잡지'라는 뜻. 2018년에도 여전히 판매 중이다.

노낭쿠르는 오늘날 유명한 와인 회사를 창설해서 훌륭한 와인 정체성을 만들어낸
전후 1950~1960년대 와인 생산자 세대에 속합니다.

니콜로 인치자 델라 로케타(토스카나)
아버지 델라 로케타 후작이 만든
최초의 '슈퍼 토스카나 와인' 사시카이아를 발전시킵니다.

미겔 토레스(카탈루냐)
가족 기업인 토레스를 유럽의 대기업으로 성장시켜
카탈루냐 테루아르를 혁신합니다.

필리프 드 로칠드(보르도)
자신의 샤토를 1등급 와인 생산지로 만드는데,
이건… 그의 은행에서 근무했던
프랑스의 퐁피두 대통령이 나선 덕분이지요.

맥스 슈버트(호주)
참나무통에서 오래 숙성한 최초의 호주산 특급 와인
그레인지 허미티지를 펜폴즈에서 만듭니다.

로버트 몬다비(캘리포니아)
'신세계'산 일상 와인을
포도 품종 이름(메를로, 샤르도네 등)으로
부르기 시작합니다.

에곤 뮐러(독일)
샤르초프베르그에 있는 자신의 포도원에서
'트로켄베렌아우스레제(말린 장과 포도주)'라는
절대적인 기준을 만들어냅니다.

*1930년 조제프 카퓌는 상원의원으로 선출된다.
**점령 독일군의 동의 아래 비시 정부는 '포므롤 와인 등급'을 매겼는데, 전쟁 이후 이 등급은 묻혀 있었다.

제11장
친환경 혁명

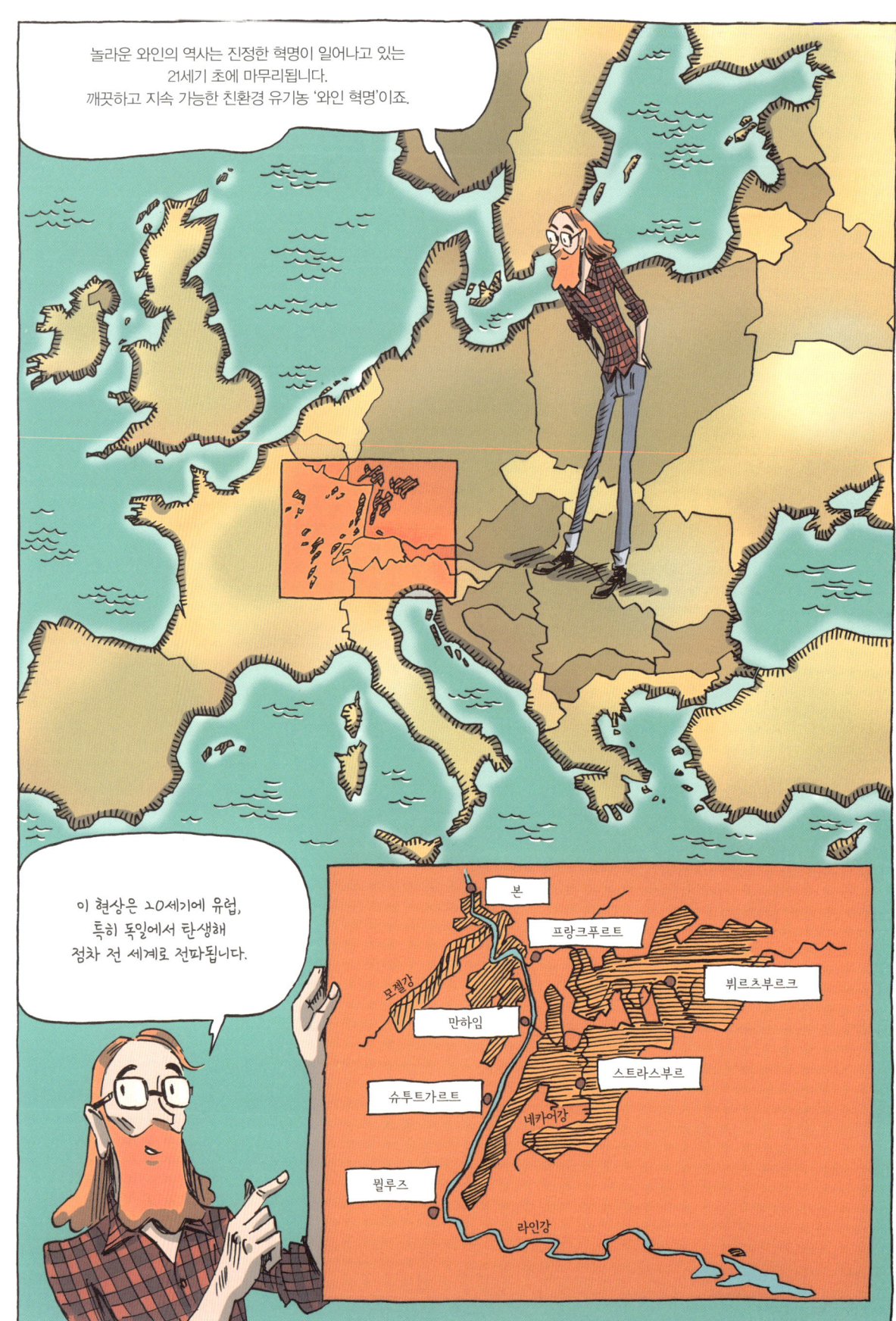

미국 대공황 시기에 현대 최초의 환경 재난이 벌어집니다.
직역하면 '먼지 폭풍'이라는 뜻인 '더스트 볼' 현상이죠.

도망쳐!

세상에!

루스벨트 정부는 이 기후 현상을 매우 심각하게 받아들입니다.
최초의 환경보호관청인 토양보존국(SCS)이 창설되고,
그 지휘를 내무장관 해럴드 L. 이커스가 맡지요.

과도한 경작으로
땅의 상층부가 약해져서
가뭄으로 풍화되었습니다…

수십만 가족이
66번 도로를 따라
캘리포니아로
이주하고 있습니다…

흠… 빨리 손을 써야겠군.
해럴드, 농업부에서 이 재앙을
직접 관리할 관청을 창설하는 데
시간이 얼마나 걸리겠나?

각하,
제가 지금 그 문제를
검토 중입니다.

*훗날의 자연자원보존국

하지만 최초의 유기농법이 탄생하는 바로 그 순간, 포도 재배지 대부분은 여전히 시대에 뒤떨어진 방식으로 경작됩니다…

지중해 동부 연안에서는 2천 년 동안 와인 제조법에 거의 변화가 없었죠.

1930년대 튀니지 농부들은 메마른 땅에 곧바로 묘목을 심은 포도밭에서 괭이를 들고 고생스레 일했습니다.

프랑스령 튀니지의 포도 재배자들은 마곤* 시대처럼 땅에 곧장 포도나무을 심죠…

*2장 참조

가끔은 포도나무에 화학비료를 주기도 했지만…

비료 덕분에 헥타르당 포이아크 와인을 80헥토리터 만들죠. 바구니가 포도와 함께 양조통에 섞여 들어가기도 해요…

그래서 나무 맛이 나는 겁니다, 하하하!

?!?

대서양 반대편에서는 금주법 시대 이후에 생긴 와이너리들이 계속 얼음덩어리로 양조통을 냉각하죠!*

*218쪽 참조

*국제 규격에 맞는 와인 시음용 잔

*부록 주 참조
**도멘 슬로스
***샤토 르퓌

*알코올 유통에 대한 전매권을 국가가 보유함.

에필로그

물론이죠. 앞으로는 와인이 예전과는 다르게 느껴질 거예요.

이 역사는 지금도 계속 쓰이는 중이죠. 특히 기후 변화와 기술 발달에 따라서요.

두드러지는 추세가 있나요?

세 가지 특징이 확실히 보이죠.

첫 번째는 우리가 방금 살펴본 친환경 와인입니다. 21세기 말까지 지속될 주요 경향이에요.

그게 미래에 표준이 될지 누가 압니까?

두 번째는 분홍빛 로제와인입니다. 이건 단순한 유행이 아닌 지속적인 현상인데,

소비자가 특별한 지식이나 테루아르가 필요 없는 '색깔'을 택한 경우죠.

로제는 그저 장점을 지닌 와인이란 겁니다.

책 앞머리에서 우리가 나눈 대화를 빌리면 함께 나눠 마시는 와인, 우리가 선택한 친구죠.

민주적인 와인이라는 건가요?

미래에 가보면 알겠지요. 지금으로선 프랑스에서 마시는 와인 10병 중 3병, 전 세계적으로는 10병 중 1병이 로제와인이에요. 그리고 세 번째 경향은…

혹시 중국인가요?

그래요. 중국의 억만장자 수는 곧 미국과 비슷해질 겁니다. 바로 이들이 최고로 희귀한 와인들을 사들여 놀라운 저장고를 갖추게 될 거예요. 이들은 이미 세계 최고의 포도원에 투자하고 있어요. 21세기 초반인 현재, 포도 생산국으로서 중국은 미국과 더불어 세계 와인 경제의 주역이 될 게 확실하죠.

| 좀 더 자연친화적인 경작법으로 회귀. | 로제와인 시장의 급속한 성장. |

전 세계 와인 시장의 강자로서 중국의 대두.

주

17쪽
미국인 패트릭 맥거번(Patrick McGovern)의 연구는 전 세계적으로 알려져 있다. 맥거번은 요리와 발효 음료에 관한 생체분자 고고학자로서 각 사회에서 음식이 생겨난 수수께끼를 탐구하려고 시간을 거슬러 올라간다. 그의 연구(또는 그가 참여한 연구)로 와인 양조가 적어도 7천~8천 년 전부터 캅카스 지역 남부와 이란의 산간 지역에서 이루어졌음이 밝혀졌다. 아르메니아나 아나톨리아에서는 더 오래 전부터 이루어졌을 수도 있다.

20쪽
와인에 대한 최초의 기록(기원전 23세기 중반)은 메소포타미아의 도시국가 라가시의 왕 우루카기나에 관한 것이다. 이 왕은 "사람들이 산간 지역에서 커다란 단지에 담아 내게 보내는 포도주를 둘 저장고를 건설하였다"(장로베르 피트Jean-Robert Pitte가 장 보테로Jean Bottéro의 연구에서 인용)라고 선포했다. 이 '산간 지역'은 포도 재배의 요람 중 하나인 자그로스산맥의 이란 지대로 보인다.

22쪽
최초의 이집트 와인은 이집트 제1왕조 시대(기원전 5세기 말)에 아비도스에서 생겨서 기원전 4세기부터 나일강 계곡 지대로 퍼진다. 피에르 탈레(Pierre Tallet)는 서로 다른 종류의 크뤼(crus)를 기술하기 위해 이집트 항아리의 표식을 연구했다. 언급된 '파우르(paour)'는 아마도 맛이 무척 시었을 기본 포도즙이다. '셰데(shedeh)'는 이보다 더 고급 와인으로, 여러 해 숙성한 부드러운 와인이다. '네페르(nefer)'는 가장 명성 높은 와인 중 하나로 맛이 드라이해서 왕자들이 꿀을 넣어 마셨다. 끝으로 '엔디엠(ndm)' 역시 부드러운 고급 와인이다.

53쪽
플리니우스가 매긴 로마의 최고급 와인 등급은 역사상 알려진 최초의 와인 등급이다. 팔레르노나 소렌토의 유명한 와인은 각각 15년, 25년까지 숙성할 수 있었다. 플리니우스에 따르면 이 명망 높은 생산지에서 제조된 유명한 와인이 이미 존재했다. 팔레르노에서 제조된 '포스티니앵'이 그 예다. 장로베르 피트(《와인의 세계 정복 욕구》)는 기원후 초기 로마에 자기 집에서 수천 가지 와인을 생산연도와 생산지로 일일이 분류해 숙성할 수 있는 애호가가 존재했다는 앙드레 체르니아(André Tchernia)의 연구를 전한다. 가령, 변론가 호르텐시우스가 기원전 50년에 사망했을 때 그의 와인 저장고에는 무려 5만 개의 암포라가 보관되어 있었다고 한다.

63쪽
갈로로마 사회에 접어든 갈리아인은 이미 수 세기 전부터 와인을 알고 있었던 것 같다. 1953년에 코트도르에 있는 한 켈트족 공주의 무덤에서 '빅스 크라테르'가 발견된 것이 그 증거다. 남부 이탈리아에서 기원전 6세기에 제조된 이 커다란 장식 청동 용기는 와인과 물, 향신료를 섞는 데 사용되었다. 빅스 크라테르는 기원전 510년에 만들어진 것으로 추정된다. 이것이 실제로 사용되었는지, 그저 장식품이었는지는 아무도 알지 못한다.

97쪽
거의 알려지지 않은 사실이지만, 우즈베키스탄은 중앙아시아 포도 재배의 요람 중 하나다. 이슬람교 전통을 지닌 이 나라에서는 2천700년쯤 전부터 와인을 생산해왔다. 기원전 6세기에 예루살렘 신전 파괴를 피해 이주해온 유대인들 덕분에 메소포타미아부터 이어져온 포도 재배 지식이 이 지역에 전파될 수 있었다. 고대 비단길의 수도 사마르칸트는 오늘날에도 여전히 우즈베키스탄 포도 재배의 중심지다. 놀랍게도 투르키스탄 시대(19세기 말)에 우즈베키스탄 포도 재배자들은 포도 경작에 다시 활력을 불어넣기 위해 조지아 품종을 들여와 사용하기 시작했다. 알다시피 조지아는 와인의 최초 원산지 중 하나다.

135쪽
아부 누와스는 8세기에 이란에서 태어난 유명한 작가로 그의 시는 상당히 도발적이다("남자아이기보다는 여자아이인 편이 낫다" "기독교인에 대한 사랑으로" 등). 역시 이란인인 우마르 하이얌(11세기)은 잘 알려진 작가로(천문학자이자 수학자이기도 했다), 그의 작품 중 여러분이 읽은 구절이 실린 《루바이야트》가 유명하다. 우마르 이븐 알 파리드는 13세기 아랍 이집트의 신비주의 시인으로, 여기에 발췌한 그의 작품 《함리야(신비로운 취기)》에서 보듯 그에게 취기와 황홀 상태는 짝을 이루었다.

148쪽
에버바흐 수도원은 베르나르 성인이 직접 게르마니아 지방으로 파견한 시토 수도사 무리에 의해 1136년에 창설되었다. 이 수도원은 수십 년 만에 라인강을 따라 생긴 200여 개 수도원 네트워크의 중심지가 되는데, 이 수도원들 대부분은 포도 재배를 전문으로 했다. 휴 존슨(Hugh Johnson)에 따르면 이 수도원 네트워크가 12~13세기에 세계에서 가장 규모가 큰 포도 재배 기업이었다. 이는 현재의 라인강 유역에 자리 잡은 포도원의 초석이 되었다.

166쪽
프랑스에는 잘 알려지지 않았지만 영국에서는 아주 유명한 인물 케넬름 딕비(Kenelm Digby)는 근대 와인 병의 아버지로, 영국 국회는 17세기 말에 이를 공식적으로 인정했다. 외교관이자 모험가, 과학자인 딕비는 혁신적인 유리 제조소를 갖고 있었는데, 이곳에서 고온으로 유리 페이스트를 만들기 위해 나무가 아닌 석탄을 사용했다.

이 병의 초기 모델이 검은색인 이유는 유리의 기본 재료인 이산화규소에 철이 들어 있기 때문이다. 처음부터 이 병의 용량은 4분의 3리터(현재는 0.75리터), 즉 1인당 하루 평균 소비 추정량에 가까웠다.

175쪽
보르도 의회의 서기인 장 드 퐁타크(Jean de Pontac)는 1525년에 혼인하면서 페사크에 있는 땅을 얻는다. 그는 '호 브라이언' 포도원을 만들어 (오늘날 상표를 장식하는) 대저택(샤토)을 짓기 시작했지만, 유명해진 것은 그의 후손 아르노 드 퐁티크(Arnaud III de Pontac)에 와서다. 그는 17세기 중반에 '뉴 프렌치 클라레'를 만들어 유명해진다. 이 와인은 상품화하기 전에 숙성한 와인으로 소유주와 지리적 산지 이름을 내걸었는데, 이는 '테루아르' 개념의 시초라 할 수 있다. 런던에서 대화재가 난 1666년에 그의 아들 프랑수아오귀스트(François-Auguste de Ponctac)는 영국의 수도 런던에 정착해서 철학자 존 로크가 방문한 이 가게를 연다. 이 가게는 런던 최초의 '식당'이 된다.

178쪽
부르봉콩티(Louis-François de Bourbon-Conti)가 '로마네'를 손에 넣었을 때(1760년), 이 조그만 포도원은 이미 중세부터 유명했다. 8세기에는 '크로 데 클루'라는 이름으로 불렸으며 생비방 원장의 소유지였다. 부르봉콩티는 이것을 자기만 마시는 와인으로 정하고 자기 이름을 붙인다. 오늘날 로마네콩티는 로마네콩티 포도원(이곳에서는 라 타슈, 에슈조, 몽라셰 와인도 생산된다)에서 생산되는 가장 유명한 와인이다. 로마네콩티는 세계에서 가장 귀한 와인으로 그 값은 상상을 초월한다. 1999년산 로마네콩티 3리터들이 한 병은 2017년 (스위스에서) 경매로 1억여 원에 팔렸다!

180쪽
영국 학자 크리스토퍼 메렛(Christopher Merrett)은 영국이 '스파클링 와인(발포성 와인)'을 제조해 와인 생산국으로서 거듭나던 시기에 재발굴한 또 다른 유명한 인물이다. 역사가 톰 스티븐슨은 유리 제조학에도 능통한 이 박물학자가 어떻게 훗날 '샴파뉴 기법'으로 알려질 방법을 런던에서 최초로 종합해냈는지 설명했다. 당시 영국의 유력 인사들은 다분히 도발하려는 의도로, 영국산 발포성 와인을 샴페인과 구분하기 위해서 '메렛'이라고 부르자고 제안했다.

193쪽
최초의 100% 미국산 와인 카토바는 조지타운의 도지 측량사 존 애들럼(John Adlum)의 노력으로 탄생했는데, 토머스 제퍼슨이 그의 실험을 오랫동안 지원했다. 이 포도나무는 애들럼이 메릴랜드주에서 발견해서 노스캐롤라이나수로 가져왔다. 따라서 카토바는 미국의 전형적인 포도나무(비티스 라브루스카)와 당시에 아직 분류되지 않은 다른 토착종의 잡종으로 보인다. 하지만 라브루스카와 비니페라(지중해 지역의 포도나무)의 잡종일 수도 있다. 어쨌거나 카토바 덕분에 제퍼슨은 사망하기 3년 전에 '좋은' 미국산 와인을 맛본다는 평생의 꿈을 이룰 수 있었다.

225쪽
1947년에 볼티모어에서 태어난 로버트 파커 주니어(Robert Parker Jr.)는 현대에 가장 유명한 와인 비평가다. 와인 전문 잡지(〈와인 애드버킷〉)와 안내서(《가이드 파커》)에서 그는 수만 개의 와인에 100점을 만점으로 하여 점수를 매겼고 이로써 세계적으로 유명해졌다. 지금까지 30여 년 동안 최고점인 100/100은 452개 와인에 부여됐는데, 이 중에는 보르도와 캘리포니아, 론강 계곡에서 생산된 와인이 확실히 많다.

237쪽
한스와 마리아 뮐러 부부는 스위스 태생으로 제2차 세계대전 이전에 유기농업을 개척했다. 한스는 식물학자고 자연과학 교사이자 정치가였다. 그는 소규모 농민의 자급자족, 직거래 같은 짧은 유통 경로, 화학물질을 쓰지 않는 농업을 권장했다. 마리아는 원예가로, 식품 건강 분야의 전문가였다. 이들의 연구는 지금까지도 전 세계에 영향을 미치고 있다.

256쪽
비건 와인은 동물성 단백질이 전혀 없는 와인이다. 잘 알려지지 않은 사실이지만, 대부분의 와인에는 포도즙을 여과하는 과정, 즉 양조통에 점착성 물질을 투입해서 부유물을 걸러내는 과정에서 사용된 동물성 잔여물(생선으로 만든 풀, 달걀흰자, 동물 연골 등)이 들어 있다. 비건 또는 채식주의 와인은 보통 유기농 또는 환경 친화적인 와인이고, 유럽 스칸디나비아나 영국 같은 일부 시장에서 매우 발달해 있다.

참고문헌

《만화로 배우는 와인의 역사》는 여러 전문가의 분석과 이야기를 바탕으로 한다. 그중에서 다음 세 사람의 주요 저서가 특별한 영감을 주었다.
1) 장로베르 피트, 《와인의 세계 정복 욕구(Le Désir du vin à la conquête du monde)》(Fayard, 2009).
2) 휴 존슨, 《와인의 세계사, 고대부터 오늘날까지(Une histoire mondiale du vin de l'Antiquité à nos jours)》(Hachette, 1990).
3) 로제 디옹, 《프랑스에서 포도나무와 와인의 역사, 시초부터 19세기까지(Histoire de la vigne et du vin en France, des origines au XIXe siècle)》(CNRS, 2010, 재판).

이 외에도 와인 애호가에게 필수불가결한 와인의 문화와 역사, 사회지리학을 다룬 총서인 프랑수아즈 아르고뒤타르와 파스칼 샤르베, 상드린 라보가 쓴 《와인의 나라로 떠나는 여행: 역사, 인류학, 사전(Voyage au pays du vin. Histoire, anthologie, dictionnaire)》(Robert Laffont, Bouquins, 2007)이 도움이 되었다

끝으로, 이 책에서 활용된 도서 목록을 아래에 수록한다.

번역서

돈 클래드스트럽, 이충호 옮김, 《와인전쟁》, 한길사, 2002.
알렉상드르 뒤마, 홍문우 옮김, 《뒤마 요리사전》, 봄아필, 2014.
에우리피데스, 박정근 옮김, 《바코이》, 동인, 2003.
엘린 맥코이, 이병렬 옮김, 《와인 평론가 로버트 파커》, 바롬웍스, 2007.
조르주 뒤비, 채인택 옮김, 《지도로 보는 세계사》, 생각의나무, 2006.
헤시오도스, 천병희 옮김, 《신들의 계보》, 숲, 2009.
휴 존슨, 잰시스 로빈슨, 세종서적편집부 옮김, 《휴 존슨 잰시스 로빈슨의 와인 아틀라스》, 세종서적, 2009.

외서

Aymeric Mantoux, Benoist Simmat, *La Guerre des vins*, Flammarion, 2012.
Bernard Pivot, *Dictionnaire amoureux du vin*, Plon, 2006.
Charles Frankel, *Terre de vignes*, Le Seuil, 2012.
Didier Nourrison, *Une histoire du vin*, Perrin, 2017.
Émile Peynaud, *Le Goût du vin*, Dunod, 1980.
Gil Rivière-Wekstein, *Bio, Fausses Promesses et vrai marketing*, Le Publieur, 2011.
Jean Boutier, *Grand atlas de l'histoire de France*, Autrement, 2011.
Jean-Robert Pitte, *La Bouteille de vin : histoire d'une révolution*, Tallandier, 2013.
Louis Orizet, *La Belle Histoire du vin*, Le Cherche-Midi, 1993.
Michel Rolland (avec Isabelle Bunisset), *Le Gourou du vin*, Glénat, 2012.
Nicolas Joly, *Le vin, la vigne et la biodynamie*, Sang de la Terre, 2017.
Patrick E. McGovern, *Naissance de la vigne et du vin*, Libre & solidaire, 2016.
Robert Parker, *Guide Parker des vins de France*, Solar, 2009.
Rudolf Steiner, *Agriculture: fondements spirituels de la méthode bio-dynamique*, Éditions anthroposophiques Romandes, 1984.
Tom Stevenson, *Christie's World Encyclopedia of Champagne and Sparkling Wines*, Absolute Press, 2002.